Sur la Liberté,
LA PROPRIÉTÉ
et la Souveraineté.

LEÇON EXTRAITE DU
COURS DE PHILOSOPHIE MORALE
FAIT AU COLLÉGE ROYAL DE CAEN,

Par A. F. Cassin,

AGRÉGÉ DE L'UNIVERSITÉ, LICENCIÉ EN DROIT, DOCTEUR-ÈS-LETTRES,
MEMBRE DE PLUSIEURS SOCIÉTÉS SAVANTES.

« Τοῦτο γὰρ πρὸς τὰ ἄλλα ζῷα τοῖς
ἀνθρώποις ἴδιον, τὸ μόνον ἀγαθοῦ
καὶ κακοῦ καὶ δικαίου καὶ ἀδίκου,
καὶ τῶν ἄλλων αἴσθησιν ἔχειν. »

(De Rep., lib. 1°., c. 2°.)

CAEN,
IMPRIMERIE DE F. POISSON, RUE FROIDE.
1834.

APERÇUS PHILOSOPHIQUES SUR LE PRINCIPE LÉGITIME DE LA LIBERTÉ POLITIQUE, SUR LES IDÉES RÉGULATRICES OU LES LOIS MORALES QUI PRÉSIDENT A SON EXERCICE, SUR LE FONDEMENT RATIONNEL DE LA PROPRIÉTÉ QUI EN EST UNE CONSÉQUENCE, SUR L'INSTITUTION DES GOUVERNEMENS RÉGULIERS QUI EN SONT L'EXPRESSION ET LA SAUVEGARDE.

§ Ier.

Principe de la liberté politique.

Il est un fait qui explique et légitime l'impérieux besoin de la liberté civile et politique qui se fait jour et se prononce surtout à ces époques de civilisation, où le progrès de toutes les connaissances permet de mieux comprendre la nature et la dignité de l'homme, c'est la conviction intime et profonde de la liberté *naturelle* ou *morale*. En effet, la raison vous apprend que vous êtes nés pour le bonheur et la gloire dans la vertu et par la vertu, et que vous ne pouvez arriver à la vertu que par le chemin de la liberté, qui en est la condition absolument nécessaire. Vous êtes donc invinciblement *conduits à reconnaître* que celui qui vous créa pour la vertu, le mérite et la gloire, vous créa aussi pour la *liberté*, pour la libre détermination de toutes vos actions. Vous avez la conscience de la dignité, de la *grandeur morale* qui *n'appartient qu'à l'être libre*; et une noble et généreuse fierté s'indigne, à juste titre, de la *servitude* qui outrage la majesté de la nature humaine, qui tente de dépouiller l'homme, si cela était possible, des facultés constitutives de *l'humanité*, en lui ravissant la haute initiative et la libre spontanéité de ses actions, en mutilant sa volonté et même son intelligence, ou du moins en les enchaînant à l'intelligence et à la volonté d'un maître, sous la main duquel il tournerait continuellement dans le cercle d'occupations, de travaux et d'idées qui lui aurait été d'abord arbitrairement tracé, comme l'animal domestique creuse un pénible sillon sous le fouet qui le dompte, dans le champ où l'on a parqué son instinct. Vous avez la conscience d'être, *par le fond même de votre nature*, une véritable puissance; et cette puissance qui ne peut, qui ne doit pas plus s'abdiquer que se laisser envahir, qui ne peut cesser d'être ce qu'elle est, pour devenir *inertie*, ou passif instrument d'une puissance étrangère ; cette puissance, qui sait et qui veut, tend naturellement à se déployer, à se manifester à elle-même et aux autres par son exercice, à se produire dans le monde extérieur par des actes conformes à son essence, c'est-à-dire, spontanés et libres.

On le voit, l'amour et le besoin de la liberté ont leurs racines dans la nature humaine elle-même.

Aussi quelle généreuse indignation ne soulève pas toutes les puissances de notre être, quelles malédictions ne s'échappent pas de nos cœurs encore plus que de nos lèvres, non-seulement contre la force brutale et infâme qui, autrefois sur les bords du Tibre et de l'Eurotas, et, de nos jours encore, sur la côte d'Afrique et dans les deux Indes, a profané la nature humaine en la ravalant à la condition des bêtes de somme, et tenté de l'abâtardir, de la dégrader et de l'abrutir ainsi, pour l'exploiter plus facilement comme un vil bétail au profit des plus honteuses et des plus impitoyables passions ; mais encore contre tous les tyrans de tous les temps et de tous les lieux qui, de quelque masque qu'ils se soient couverts, de quelque nom, de quelque titre qu'ils aient pris soin de s'armer, ont humilié et opprimé leurs semblables sous le joug étouffant d'un despotisme politique, avilissant ou désastreux ?

Aussi, lorsque le célèbre Stagirite avance et prétend prouver, dans (1) les premiers chapitres de sa Politique, que la Nature a créé des hommes pour être les esclaves et la propriété d'autres hommes, la philosophie repousse-t-elle avec horreur la solidarité de cette odieuse doctrine qui souille la gloire d'un des princes de la philosophie grecque, que l'un des plus habiles despotes qui furent jamais, avait choisi pour précepteur à son fils qui devait être le plus grand des conquérans et le maître du monde.

Malheur et opprobre à celui qui porte une

(1) — « Ὁ δοῦλος, οὐ μόνον δεσπότου δουλός εστι, ἀλλὰ καὶ ὅλως ἐκείνου..... Ὁ γὰρ μὴ αὑτοῦ φύσει, ἀλλ' ἄλλου, ἄνθρωπος δέ, οὗτος φύσει δοῦλος ἐστίν. Ἄλλου δέ ἐστιν ἄνθρωπος, ὃς ἂν κτῆμα ᾖ, ἄνθρωπος ὤν.

(ARIST. de Rep., lib. I., c. IV.).

— « Ὅτι μὲν τοίνυν εἰσὶ φύσει τινές, οἱ μὲν ἐλεύθεροι, οἱ δὲ δοῦλοι, φανερόν· οἷς καὶ συμφέρει τὸ δουλεύειν, καὶ δίκαιόν ἐστι. »

(Id. ibid., c. V.)

— « Ἀνάγκη γὰρ εἶναι τινας φάναι, τοὺς μὲν πανταχοῦ δούλους, τοὺς δὲ οὐδαμοῦ. — Ὁ δὲ δοῦλος, μέρος τι τοῦ δεσπότου, οἷτε ἔμψυχόν τι τοῦ σώματος κεχωρισμένον δέ μέρος. »

(Id. ibid., c. VI.)

main sacrilège sur ceux que la nature a fait ses frères, pour les flétrir par les stigmates de la servitude domestique, et qui s'engraisse des sueurs, des larmes et du sang des hommes !

Malheur et infamie à celui qui, cédant aux conseils du vice, du crime, ou d'une excessive misère, consent à s'avilir jusqu'à se vendre lui-même, corps et âme ! Cette odieuse profanation de la nature humaine, cette honteuse prostitution de soi-même, qui accuse le dernier dégré de la bassesse ou de la perversité, ne peut pas même échapper à l'indignation par le mépris et la pitié.

Dans l'ordre social, qui ne doit pas changer ou détruire la nature humaine, mais la développer régulièrement, l'exercice de la liberté naturelle est donc à la fois pour vous un devoir et un droit : c'est là le cri de la conscience, le jugement irréfragable de la raison.

§ II.

Idées régulatrices ou lois morales qui président à l'exercice de la liberté politique; fondement de la propriété.

Mais si vous êtes et devez être libres, chacun de vos semblables l'est et doit l'être au même titre que vous. Voilà donc en présence, sur le théâtre de la société, des *Puissances*, fondées sur le même principe, également légitimes, toujours *rivales* et le plus souvent *hostiles*, qui, se faisant obstacle, se repoussant et se froissant sans cesse dans leurs efforts simultanés pour se déployer et s'étendre, pour se disputer et s'arracher les objets de leurs besoins, de leurs désirs et de leurs vœux communs, entretiendront une anarchie perpétuelle, une guerre meurtrière et acharnée, jusqu'à ce que l'une d'elles, abusant de la force brutale pour son triomphe, ait complètement asservi ou exterminé les autres. Ainsi la prétention d'exercer le droit absolu d'une liberté illimitée vous pousse à un inévitable abîme, l'asservissement ou la destruction du genre humain ! L'entendez-vous, jeunes gens, s'il en était qui se fussent laissé fasciner par les prestiges d'une indépendance démesurée ? Quand vous réclamez la liberté indéfinie, la liberté de tout faire comme de tout penser et de tout vouloir, vous réclamez, à votre insçu, la licence, la liberté d'être, suivant votre bon plaisir, les oppresseurs et les tyrans ou les meurtriers de vos frères : vous aspirez au rôle de Brutus, et, si vos vœux étaient exaucés, vous ne feriez que répéter celui de Catilina.

Quelle est donc la puissance supérieure qui interposera sa médiation entre vos droits et les droits des autres, pour les concilier et les maintenir dans leur sphère respective et leur juste mesure ? Qui posera la limite en-deçà de laquelle, liberté ; au-delà de laquelle, anarchie ?

Vous avez déjà prévenu ma réponse : cette puissance, c'est l'oracle et l'interprète de toute vérité, la seule autorité absolument souveraine, la droite raison, qui faisant marcher de pair la liberté des autres et votre propre liberté, vous oblige à respecter celle d'autrui, pour que la vôtre soit aussi respectée, fait ainsi jaillir, l'un de l'autre, le devoir et le droit, et pèse enfin ces deux *corrélatifs inséparables* dans la balance de la justice.

« La loi naturelle, dit le plus grand pu-
« bliciste moderne d'accord, sur ce point,
« comme sur la plupart des principes fon-
« damentaux de l'ordre social, avec les trois

« grands publicistes de l'antiquité, la loi
« naturelle, en général, est la *raison humaine*,
« en tant qu'elle gouverne tous les peuples de la
« terre, et les lois politiques et civiles de cha-
« que nation ne doivent être que les cas par-
« ticuliers où s'applique la raison (1) hu-
« maine. »

Remarquez que l'auteur de l'esprit des lois dit la *raison* et non pas la *volonté* humaine. Déclarer avec l'auteur du contrat social que la *loi est l'expression de la volonté générale*, c'est une erreur d'une immense portée pour la logique des passions. Par elle-même la *volonté* n'est nullement le principe du *droit*, mais de la *force*; or, la force doit être au service du droit, mais elle n'est pas le droit. Un grand citoyen le déclarait naguère à la tribune législative : « Il n'a pas été donné
« à la force d'exercer une véritable souve-
« raineté sur la terre ; la force *contraint*, elle
« n'oblige pas ; *obliger* est l'attribut d'une
« autre souveraineté, celle de la raison. La
« volonté d'un *seul*, la volonté de *plusieurs*,
« la volonté de *tous* ; ce n'est que la force
« plus ou moins puissante ; il n'est dû à
« aucune de ces volontés, à ce seul titre de

(1) Esprit des lois, liv. 1.; ch. 1.)

« *volontés*, ni *obéissance*, ni le moindre res-
« pect (1). »

Aussi le célèbre Mosès Mendelsshonn a-t-il avancé, et l'on reconnaîtra, si l'on y pense, la justesse autant que la profondeur de cette réflexion, « que jamais la volonté, même « expressément manifestée par un *contrat*, « ne *constitue* un droit nouveau, mais qu'elle « change les droits *imparfaits* en droits par- « faits. » D'ailleurs que signifieraient par elles-mêmes les stipulations les plus explicites et les plus solennelles de la volonté, cette faculté *inaliénable* et mobile comme les circonstances et les intérêts, si elles n'étaient placées sous la sauvegarde d'un principe inconditionnel et absolu de justice et d'équité, indépendant de toute convention, antérieur et supérieur à toutes les lois positives, qui domine et sanctionne toutes les transactions sociales, en prescrivant comme un devoir, ou réprouvant comme un crime, l'accomplissement ou la violation de la foi promise ?

Bien plus ! ce n'est pas par elle-même ou parce qu'elle est toute-puissante, mais parce qu'elle est essentiellement conforme à la

---

(1) Disc. de M. Royer-Collard à la chambre des députés en 1830.

sagesse parfaite ou à la souveraine raison, que la volonté divine a (1) droit à notre *obéissance* : « Dieu lui-même a besoin d'avoir « raison, » dit Bossuet. Telle est la grandeur et la majesté de l'homme, que sa raison ne s'incline devant aucune puissance *arbitraire*, et ne se soumet librement qu'à la souveraineté de la *raison*.

Eh bien ! cette raison, en vous conférant le droit de transporter votre liberté naturelle du dedans au dehors, en vous investissant du domaine de la liberté politique, le circonscrit dans les limites tracées par la *justice*, qui détermine les rapports qui doivent régner entre les êtres intelligens, membres d'une même association. La justice est le plus impérieux besoin des peuples comme des individus ; elle est l'esprit qui vivifie toutes les lois ; elle est la base de l'ordre social, le principe régulateur suprême qui en dispose et coordonne tous les élémens (2) ;

---

(1) « En se soumettant à Dieu, les intelligences ne « ploient pas sous la toute-puissance, elles obéissent à « la souveraine raison. » *(La Mennais)*.

(2) — « Η δὲ δικαιοσύνη, πολιτικόν. Η γάρ δίκη πολιτικῆς κοινωνίας ταξις ἐστιν. Η δὲ δίκη τοῦ δικαίου κρίσις. »

(Aristot. de Rep., lib. 1., c. 2.)

— « Ergò lex est justorum injustorumque distinctio ad

sage appréciatrice de tous les mérites, gardienne de tous les droits et de tous les intérêts légitimes, c'est elle qui, de la même main dont elle fait descendre sous l'impartial niveau de la loi commune toutes les inégalités, naturelles ou *factices*, dès qu'elles sont oppressives ou menaçantes pour la sûreté, le bien-être, l'honneur ou la liberté des citoyens, conserve et protège toutes les autres inégalités, *naturelles* ou *acquises*, résultat *nécessaire* et *légitime* du développement *libre*, et par conséquent *inégal*, des facultés *semblables* mais inégales du corps et de l'esprit, dont la nature, mère indulgente ou marâtre, nous a donné les germes en partage, et dont le perfectionnement graduel et varié fait la puissance et la gloire de notre espèce. Car l'égalité absolue, ce philtre enivrant, cette pâture empoisonnée dont les anarchistes abreuvent et repaissent une multitude ignorante et forcenée, cette odieuse et mensongère idole aux pieds de laquelle ses stupides, ignobles, fanatiques ou hypocrites, et toujours féroces, adorateurs, parodistes affreux de Tarquin, couvent peut-être encore

illam antiquissimam et rerum omnium expressa naturam, ad quam leges hominum diriguntur, quæ supplicio improbos afficiunt, defendunt ac tuentur bonos. »

(Cic., de leg., lib. 1., c. 13.)

l'homicide et ténébreux dessein d'abattre, sous la hache ensanglantée des *Nivellers*, toutes les sommités sociales, tout ce qui s'élève, par le rang, par la fortune, par l'industrie, par le génie, par la vertu même, au-dessus de la bassesse ou de l'excessive médiocrité dont la conscience importune les poursuit et les irrite; ce prétendu droit souverain des sophistes *(summum jus)*, qui n'est que la souveraine injustice *(summa injuria)*, rappelle le lit et la tyrannie de Procuste: dans l'ordre civil et politique, comme dans l'ordre physique, on ne réduit exactement les hommes aux mêmes dimensions qu'en torturant et mutilant la nature. — Parce que tous les hommes sont semblables, vouloir qu'ils soient tous égaux, c'est vouloir que tous les arbres de la même espèce soient absolument égaux, que tous les triangles semblables soient des triangles égaux. La *liberté* suppose si peu l'égalité absolue, qu'en général elle l'exclut le plus souvent; la diversité est son caractère éminent.

Fondement rationnel de la propriété.

Le principal objet d'inégalité sociale et la source la plus abondante de toutes les autres inégalités, qui provoquent l'envie de ceux chez lesquels des inclinations vicieuses et des passions effrénées ont développé des besoins désordonnés et des goûts factices que l'oisiveté, la paresse, l'incapacité leur refusent les moyens de satisfaire, c'est sans contrédit l'inégale répartition des richesses. Eh bien! qu'un jour pour caresser toutes les passions basses et violentes, pour assouvir la jalouse cupidité d'une multitude forcenée, d'ambitieux tribuns, marchant à la popularité au travers de tous les crimes, inscrivent la loi agraire sur le drapeau de leur insurrection contre les lois fondamentales de l'ordre social, et qu'armés du glaive de leurs séides et de leurs complices, ils parviennent à effacer tous les titres de la propriété dans les larmes et le sang des propriétaires, le lendemain du décret qui enrichissant ou du moins pourvoyant les uns en dépouillant les autres, aurait établi l'uniformité des biens, si la liberté de cultiver, d'exploiter ou de négliger, d'améliorer ou de détériorer, de laisser dépérir ou de faire valoir, de donner, de vendre, d'engager ou d'acquérir, n'avait point d'entraves ou n'en avait que de faciles à éluder, on verrait surgir de tous côtés de nouvelles et semblables inégalités, dont l'aplanissement réitéré appellerait de nouvelles mesures aussi acerbes, aussi atroces de même qu'aussi inefficaces que les premières, puisque ces inégalités sont l'effet doublement inévitable et de l'inégalité des idées, des passions, des facultés individuelles, et de leur libre direction ; et qu'ainsi, à moins d'envelopper la liberté humaine d'un réseau de lois préventives et restrictives, à moins de l'emmailloter comme un enfant ou de la garrotter comme un forçat, comme un furieux, que dis-je ? à moins de détruire l'humanité même en détruisant *l'individualité*, il est impossible de détruire l'inégalité des biens et des conditions.

Oui ! la propriété, c'est l'individualité. Rousseau ne creuse pas assez avant, quand il ne fait remonter l'origine de la propriété qu'à l'époque où un homme s'avisa d'enclore (ou plutôt de cultiver) un champ en disant : « *ceci est à moi.* » La propriété date d'un peu plus loin dans l'ordre des idées et des temps. Il était pourtant bien facile, ce semble, de reconnaître que la distinction du *tien* et du *mien* est à la fois conséquente et contemporaine à la distinction du *toi* et du *moi*. Le jour où deux hommes eurent conscience de leur existence personnelle, individuelle et propre, conséquemment distincte l'une de l'autre ; ce jour-là naquit l'idée de la *propriété*.

Posséder ma personne, c'est posséder toutes mes facultés, dont l'espèce est commune à tout ce qui est homme, mais dont le degré et le caractère individuel m'appartiennent en propre ; c'est posséder les produits de ces facultés, les sentimens, les affections, les idées, les déterminations volontaires qui me sont *propres*, les membres, les organes et les forces qui me sont *propres*, le courage, l'expérience, l'adresse et l'industrie qui me sont *propres*. Voilà mon domaine immédiat et direct qui ne peut légitimement être aliéné ni ravi. Ce n'est pas tout, si l'on ne porte point atteinte à ma liberté, mon existence se projète et s'étend autour de moi dans les personnes de mes enfans et des autres qui m'appartiennent, autant qu'un homme peut appartenir à un homme; et dirigée par mon intelligence, aidée par les instrumens que je me suis créés, qui sont les *miens*, et comme de nouveaux organes ajoutés à mes organes, ma libre activité conquiert sur le désert, un champ par la culture; une proie par la force et l'adresse qui me sont propres; elle me construit une demeure par mon industrie propre, ou me procure enfin tous les moyens de conservation et de bien-être au prix de l'or et des autres valeurs représentatives, qui sont le produit légitime de mon propre travail.

Mais si la possession de ces biens est l'effet naturel et nécessaire de la possession de moi-même et de l'exercice indépendant de mes facultés personnelles, si leur propriété n'est que le libre développement du moi, le droit d'en disposer, comme il me convient, à la seule condition de ne blesser en rien la justice et la morale, soit par don, soit par testament ou par transmission héréditaire, surtout en faveur des êtres qui sont une moitié, la plus chère moitié de moi-même, est incontestablement inhérent à la propriété, à la *liberté de ce moi* qui, par ses héritiers et la destination de son héritage, se survit en partie à lui-même dans les formes, les conditions extérieures, les apanages de son existence, dans la conservation de la place que cette existence occupait sur le théâtre de la société. Ainsi porter atteinte à la propriété et à l'hérédité qui en est essentiellement inséparable, c'est un attentat odieux et révoltant contre la liberté du moi, c'est une tentative aussi criminelle qu'extravagante, de détruire l'individualité, qui est la manière dont chacun se pose et se dessine aux yeux des autres, la base unique de tout mérite, de toute valeur personnelle, de tout honneur et de toute gloire, l'individualité enfin qui est l'homme même.

Aussi, Platon qui, par une de ces aberrations auxquelles le génie transcendant est quelquefois moins étranger que le simple bon sens, confondant l'usage avec l'abus, était excessivement préoccupé de l'idée que la propriété est la source de tous les malheurs qui pèsent sur la société, attaqua-t-il la *propriété* dans son principe fondamental.

Tandis que, dans ses livres des Lois qui n'étaient, à ses yeux, qu'une sorte de condescendance de son génie s'abaissant de la hauteur de ses théories vers notre fragile humanité, mais qui, de son aveu, présentaient seuls un système de législation et de politique applicable aux mortels, le sublime philosophe avait bien voulu se contenter de poser des limites étroites aux accroissemens de la propriété sans la détruire ; dans sa République, qu'il considérait lui-même comme un idéal, impossible à réaliser complètement dans ce monde des erreurs et des passions, mais dont il fallait s'approcher le plus que le comportait notre nature déchue, il poursuit, il atteint la propriété sous toutes les formes que peut revêtir ce Protée.

Ce n'est pas seulement de ses biens extérieurs qu'il dépouille le citoyen, mais son inexorable logique qui connoissait toute la portée de l'institution qu'il prétendait combattre, enleva encore au père de famille, la propriété de ses enfans et de la mère de ses enfans, et jusqu'à la propriété de sa personne elle-même, transportée, aliénée à l'état, qui en pouvait disposer à sa discrétion. Dans sa manie d'envahir la personnalité au profit de la société et de l'égalité, il aurait voulu mettre en commun jusqu'à l'usage « des yeux, des « oreilles, 'des pieds et des mains : » ('conséquence extrême, mais rigoureuse du principe de l'abolition de toute propriété parmi les hommes). De là la communauté des biens et des repas, la communauté des enfans et des femmes, et toutes ces *énormités monstrueuses*, dont il a été si facile à Aristote, disciple et rival toujours un peu jaloux de la gloire de son maître, de faire une sévère et éclatante justice, puisqu'elles n'allaient à rien moins qu'à désenchanter et à dégrader la vie, qu'à tarir la source de la plupart des vertus sociales, et des affections les plus pures, les plus saintes et les plus délicieuses du cœur humain, qu'à outrager et corrompre les mœurs sous prétexte de les épurer, qu'à asservir la liberté sous un joug de fer, qu'à tronquer et défigurer entièrement l'œuvre du créateur.

Ce n'est donc pas de détruire radicalement et indistinctement les indestructibles inégalités qui ont leurs racines profondément enfoncées dans le sol de l'humanité, que la justice a reçu la mission, mais d'en prévenir ou d'en réprimer les usurpations et les empiètemens qui compromettraient les véritables et légitimes intérêts de la société. C'est sous les auspices et les inspirations puissantes de la justice, que les gens de bien réunissent leurs efforts, rivalisent de dévoûment et d'énergie pour renverser du trône la force *matérielle* et y faire asseoir le Droit, pour substituer partout la liberté à la servitude ou à la licence, l'usage à l'abus, la règle au désordre, la mesure à l'excès. « La soumission (1) et la liberté excessives font le malheur des hommes, disait Platon aux Syracusains ; leur bonheur est dans la mesure de l'une et de l'autre. Vous ne la trouverez qu'en obéissant à un Dieu : obéir aux (caprices des) hommes, c'est être esclave. Or, si la passion est un Dieu pour les insensés, la loi est un Dieu pour les sages. »

Mais cette loi du juste et de l'injuste, cette éternelle raison, cette divinité, comme l'appelle le disciple de Socrate, qui ne doit pas seulement, comme le Dieu de Delphes, en inspirant les conseils des amphyctyons et de l'aréopage, présider aux destinées de la Grèce, mais qui doit présider à celles de l'humanité entière ; cette divinité qui se ré-

---

(1) — « Δουλεία γὰρ καὶ ἐλευθερία ὑπερβαλλοῦσα μὲν ἑκατέρα, πάνκακον· ἔμμετρος δέ οὖσα, πανάγαθον. Μετρία δὲ ἡ θεῷ δουλεία· ἄμετρος δέ, ἡ τοῖς ἀνθρώποις. Θεὸς δὲ ἀνθρώποις σώφροσι νόμος· ἄφροσι δέ, ἡδονή. »

(PLAT. Epist. 8., ad Syracusan.)

vèle secrètement à la conscience, mais dont les passions s'efforcent de faire mentir à leur profit les inspirations et la voix intérieure, qui proclamera ses oracles avec une autorité capable d'imposer à la multitude volontairement aveugle ou passionnée, quel sera son organe irréfragable, rationnel et légal?

§ 3.

Institution des gouvernemens réguliers; question de la souveraineté.

Toutes les institutions politiques avouées par la raison, malgré la diversité de leurs formes susceptibles de varier comme les lieux, les temps, les circonstances, comme les degrés, les phases de la civilisation, qui est leur ouvrage, mais qui réagit si puissamment sur elles, doivent toujours être combinées de manière à mettre en lumière, à promulguer et sanctionner les décrets de la justice qui prononce l'égalité ou l'inégalité des droits et des avantages, là où il y a véritablement égalité ou inégalité de mérite. Le système des pouvoirs *divers*, dont la coordination harmonique constitue et représente *l'unité nationale*, le gouvernement, qui s'incarne dans les dépositaires de ces pouvoirs, qui se concentre et se résume dans le chef *unique* ou *multiple* de l'état, (cette citadelle des droits et des intérêts de tous, ce capitole de l'honneur et de la puissance de la nation, cette digue élevée contre le débordement des flots populaires,) le gouvernement doit être, suivant les belles théories du divin Platon et de Cicéron, la *justice organisée*, la forme extérieure ou la parole de cette grande et sainte pensée, la morale, armée comme Pallas d'intelligence autant que de la lance et de l'égide, la *raison générale* enfin qui a pris un corps vivant, s'exprime et se traduit par le langage de la loi *positive* et par des actes conformes à cette loi.

Mais quelle est la source d'où découlent les gouvernemens, quel est le principe sur lequel se fonde en général leur établissement?

MM., la raison n'admet rien sans une raison suffisante, pour parler avec Leibnitz. Or, le hasard n'est pas ; ce mot n'est qu'un nom mensonger qui masque l'existence ou dissimule l'ignorance des causes *naturelles*, dont *l'essence* ou le *mode* échappe à notre vue et à nos calculs.

D'un autre côté, la force, et nous l'avons déjà reconnu, la force n'est pas un droit ; par elle-même elle ne légitime aucun fait ; c'est elle qui a besoin d'être légitimée au tribunal de la raison, et elle ne peut l'être que par son exercice conforme à la justice.

Un *contrat positif* ou le *droit de la nature*,

c'est donc à l'un ou à l'autre de ces titres qu'il faut demander la légitimité de l'établissement de l'ordre social. J. J. Rousseau reconnaît cette alternative : « l'ordre social est « un droit sacré, dit-il, qui sert de base, à tous « les autres. Cependant ce droit ne vient point « de la nature ; il est donc fondé sur des « conventions (Cont. soc., liv. 1, ch. 1.). »

Prétendre que, de fait, les constitutions sociales n'ont jamais été reconnues pour légitimes qu'autant qu'elles étaient fondées sur des conventions humaines, ce serait donner à l'histoire un éclatant démenti, (et l'on ne démentpas l'histoire impunément); ce serait juger le passé d'après d'exclusives idées contemporaines, et commettre ainsi le plus grossier anachronisme de philosophie politique.

Quant à la question de droit, ce qui explique la différence du langage encore plus que des opinions des publicistes, c'est une grave confusion d'idées sous des termes grammaticalement identiques.

Dans le langage ordinaire, tantôt le mot *naturel* signifie ce qui est *natif* ou *originel*, ce qui appartient à la première période *d'existence d'un être*, et, dans ce sens, je conçois que l'on décide que la civilisation, tardif résultat des grands développemens de la pensée et de la liberté, n'est pas naturelle à l'espèce humaine, et que l'on discute si la société politique l'est ou ne l'est pas ; de même que l'usage de la raison et la moralité ne sont pas naturelles à l'enfant qui vient de naître : ce qui ne prouve rien ni pour ni contre la civilisation, la raison et la moralité.

Tantôt le même mot, *naturel*, exprime ce qui est le résultat du développement régulier, complet, et, pour ainsi dire, spontané des propriétés dont un être apporte le germe en naissant, et qui, pour cette raison, constituent ce que l'on doit entendre par sa *nature*; et, dans cette acception la plus philosophique, il est non seulement manifeste que toutes nos facultés sensibles, intellectuelles et morales sont naturelles ; mais il est éminemment rationnel d'admettre, avec les plus grands philosophes, que le véritable état naturel de l'homme est l'état social, qui seul peut *produire* ou du moins *préparer* la *civilisation*, c'est-à-dire, ces vastes développemens de toutes nos facultés caractéristiques qui font la puissance, le mérite, la grandeur et la gloire de l'humanité.

L'auteur du contrat social convient et démontre lui-même que « l'état social fait, « d'un animal stupide et borné, un être « intelligent et un homme...... On pourrait, « continue-t-il, ajouter à l'acquis de l'état « civil, la *liberté morale*, qui seule rend

« l'homme maître de lui-même; car *l'impul-*
« *sion* du seul appétit est esclavage, et l'obéis-
« sance à la loi qu'on s'est prescrite, est
« *liberté.....* Ce passage de l'état de nature ,
« (c'est ainsi qu'il appelle un état prétendu
« originel, antérieur à toute societé), ce
« passage à l'état civil produit dans l'hom-
« me un changement très-remarquable, en
« substituant dans sa conduite la justice à
« l'instinct, et donnant à ses actions la *mo-*
« *ralité* qui leur manquait auparavant (Cont.
« soc., liv. 1, ch. 8.). »

Puisque, selon Rousseau, qui est la contradiction en personne, l'homme, hors de la société civile, n'est qu'un animal stupide et borné qui ne peut vivre de la vie intellectuelle et morale, en un mot, *de la vie d'homme*, sans doute les doctrines profondément morales des plus sublimes pages de l'Emile lui imposaient la nécessité de reconnaître que la société civile est l'état naturel de l'homme; mais si l'auteur du contrat social est infidèle à lui-même, infidèle à la doctrine de la Profession de foi, il se retrouve parfaitement d'accord avec l'auteur du discours sur l'influence des sciences et des lettres, et du discours sur l'origine de l'inégalité. Celui qui avait osé poser ces étranges prémisses :
« l'homme qui pense est un animal dépra-

« vé, » (1) celui-là ne devait plus reculer devant aucune conséquence, conduisît-elle à un abyme ; il devait conclure et il conclut que l'état social n'est pas l'état naturel de l'homme, mais le factice résultat des conventions arbitraires.

Pour nous qui pensons que, dans l'humanité, ni l'individu ni l'espèce ne doivent ni ne peuvent demeurer stationnaires à cette période originelle et primitive de l'existence où l'homme, placé pour ainsi dire sur les confins de l'être et du néant, sans être encore pleinement entré, sans s'être encore avancé dans la vie, fait à peine les premiers essais de ses facultés ; mais que la vie, c'est le développement, c'est l'évolution, c'est le progrès ; pour nous qui regardons, avec (2) Aristote et Leibnitz, comme l'état naturel pour toutes choses, celui-là seul où leur nature est complètement développée, et comme

---

(1) « Si la nature nous a destinés à être sains, j'ose
« presque assurer que l'état de réflexion est un état
« contre nature, et que l'homme qui médite est un
« animal dépravé. »
(Rouss., Disc. sur l'orig. de l'inég., 1ere. partie.)

(2) — « Διὸ πᾶσα πόλις φύσει ἐστίν, εἴπερ καὶ αἱ πρῶται κοινωνίαι· οἴτε γὰρ ἕκαστόν ἐστι, τῆς γενέσεως τελεσθείσης, ταύτην φαμὲν τὴν φύσιν εἶναι ἑκάστου, ὥσπερ ἀνθρώπου, ἵππου, οἰκίας. »
(Arist. de Rep., lib. 1, c. 2.)

un état contre nature, celui où la nature d'un être est incomplète, abâtardie, dégradée, mutilée, profondément altérée et corrompue, nous conclûrons que, selon l'expression de Montesquieu, « l'homme est fait « pour vivre en société, » que c'est là son véritable état de nature ; que si, comme le prétend le philosophe grec (1), « l'homme « accompli dans toutes ses facultés est le « meilleur de tous les êtres animés, tandis « que, jeté violemment en dehors de l'action « des lois et des tribunaux civils, il en « devient le pire ; et que si, pour vivre, « par inclination et non par accident, étran_ « ger à toute société, il faut être au-dessous « ou au-dessus de l'humanité, une bête fa-« rouche ou un Dieu, » la loi naturelle nous prescrit avec une autorité obligatoire d'être membres d'un corps politique, l'ordre *social*

(1) — « Ἐκ τούτων οὖν φανερὸν ὅτι τῶν φύσει ἡ πολὶς ἐστί, καὶ ὅτι ἄνθρωπος φύσει πολιτικόν ζῶον· καὶ ὁ ἄπολις, διὰ φύσιν, καὶ οὐ διὰ τύχην, ἤτοι φαῦλός ἐστιν, ἢ κρείττων ἢ ἄνθρωπος.

— Ὁ δὲ μὴ δυνάμενος κοινώνειν, ἢ, μηθὲν δεόμενος δι' αὐτάρκειαν, οὐθὲν μέρος πόλεως· ὥστε ἢ θηρίον ἢ θεός..... Ὥσπερ γὰρ τελειωθὲν, βέλτιστον τῶν ζῴων ἄνθρωπος ἐστιν· οὕτω καὶ χωρισθὲν νόμου, καὶ δίκης, χείριστον πάντων. »

(ARISTOT., de Rep., lib. 1, c. 2.)

est fondé sur l'ordre *naturel* lui-même, et non pas seulement sur des conventions dont il fût loisible à tous et à chacun de souscrire ou de rejeter arbitrairement les conditions.

Ainsi donc, indépendamment de tout contrat spécial, la nature et la raison, son interprète, stipulent à la fois et que l'homme naît et doit vivre soumis aux lois de l'ordre social, et que les lois (positives) doivent être l'expression la plus loyale et la plus parfaite de la justice naturelle, que puissent comporter les lumières de l'époque et les besoins de la nation; elles stipulent, par conséquent, l'institution d'un gouvernement qui propose, sanctionne et fasse exécuter ces lois, puisqu'un gouvernement est la condition absolument nécessaire de l'établissement et du maintien de l'état, le lien du faisceau qui de tous les individus forme l'unité nationale.

Mais comme il ne peut exister de gouvernement sans une forme particulière et déterminée, il reste toujours à résoudre un problème politique d'une immense difficulté, qui a souvent été l'écueil contre lequel sont venus se briser les efforts des génies les plus puissans.

Qui déterminera, dans l'application, la forme du gouvernement, qui posera les bases de la constitution de l'état?

Nous marchons ici, MM., sur des charbons

enflammés; mais nous aurons le courage de nos convictions, le courage d'un caractère indépendant, le patriotisme d'exprimer des vérités, dont la manifestation, salutaire pour la société, ne pourrait offrir de danger que pour nous-mêmes.

Sans doute, le peuple est souverain, si l'on veut dire par là que la nation, considérée dans toutes les classes de citoyens qui composent son ensemble, s'appartient à elle-même, n'est inféodée à personne, possède, pour choisir et perfectionner ses institutions gouvernementales, pour veiller à ses destinées et pourvoir à ses besoins et à sa conservation, un droit et un pouvoir qui ne relèvent que de la souveraineté de l'immuable justice ou de l'éternelle raison ; le peuple est souverain, si cela signifie que c'est de la nation qu'émanent toute lumière et toute force, et cette *raison générale armée* qui est l'organe vital de la société.

Sans doute, encore, s'il était possible que tous, absolument tous les individus de tout âge, de tout sexe, de toute condition, qui forment un peuple, participassent réellement à l'émission du vœu d'une institution (d'une forme de gouvernement) conforme aux idées universelles de justice et de raison, cette institution paraîtrait environnée de la plus imposante, de la plus incontestable autorité, de la plus parfaite sanction qui se puisse concevoir. Mais, quoique la loi de l'homme soit d'aspirer et de tendre à la perfection, rien d'absolument parfait ne tombe dans l'humanité. Car, d'un côté, il serait physiquement et moralement impossible que la population tout entière concourût efficacement et librement à l'émission d'un vote que le plus grand nombre ne sauraient même concevoir ; d'un autre côté, cette diversité d'opinions et de vœux qui est le résultat irrémédiable de la diversité des passions et des intérêts bien ou mal entendus, le résultat de la libre direction de l'intelligence et de la volonté de chacun, opposerait un obstacle moralement insurmontable à la rigoureuse unanimité des suffrages. En troisième lieu, après même avoir écarté les enfans, les insensés, et tous les autres individus généralement reputés incapables d'émettre un vote en connaissance de cause, si, comme il y aurait tout lieu de le craindre, quelque plébiscite manifestement contraire à la droite raison, à la justice, émanait jamais de ces comices populaires où les intérêts de ceux *qui ont*, se rencontreraient, sur le Forum ou l'Agora, face à face avec les intérêts de ceux qui *n'ont pas*, où tant de citoyens seraient exposés à écouter les mauvais conseils de la misère, de la peur, de l'oisiveté, des préjugés, de l'ignorance, de l'envie, de la haine, de toutes les passions basses ou violentes, à céder aux suggestions de ces tribuns démagogiques auxquels, selon la remarque de Bacon, faisaient allusion les anciens, lorsqu'ils ont dit : « Les « peuples sont semblables à la mer, et les « orateurs, aux vents, » je le demande, un pareil décret qui *compromettrait* évidemment le salut public, qui proscrirait en masse, qui renverserait les bases de l'ordre social avec celles de la propriété, serait-il, par cela seul que tous les citoyens y auraient pris une part ostensible, marqué de ce caractère obligatoire qui impose à la fois le respect et l'obéissance ? Est-il donc une autorité qui puisse prescrire et prévaloir contre l'autorité de la justice, évidemment manifestée par la raison ?

Ils m'inspirent une égale horreur, ils révoltent également ma raison les fauteurs du despotisme tyrannique de tous (ou plutôt de la multitude) et les fauteurs du despotisme tyrannique d'un seul ; soit que le déiste et spiritualiste Rousseau déclare qu'en tout état (1) de cause le peuple est toujours le maître de changer les lois, même les meilleures, par la raison que, s'il lui plaît de

---

(1) « Le peuple est toujours le maître de changer les « lois, même *les meilleures*; car, s'il lui plaît de se faire « du mal à lui-même, qui est-ce qui a droit de l'en « empêcher (Cont. soc., liv. 2, ch. 12) ? »

se faire du mal à lui-même, personne n'a le droit de l'en empêcher ; soit qu'un ennemi des hommes et de Dieu, le matérialiste athée Hobbes, avance que la volonté des rois est la règle absolue du bien et du mal, du juste et de l'injuste (1).

Combien, au contraire, elle est plus digne d'exciter les plus nobles et les plus généreuses sympathies la doctrine de Cicéron :
« Etrange opinion, s'écrie celui qui réunis-
« sait sur sa tête la triple palme de l'orateur,
« du philosophe et de l'homme d'état, et fut le
« premier proclamé Père de la patrie par ses con-
« citoyens, opinion vraiment digne de faire
« rougir non-seulement les savans, mais en-
« core les esprits les plus grossiers, que de
« s'imaginer que toute loi soit juste, par cela
« seul qu'elle fait partie du code et des ins-
« titutions d'un peuple ! Quoi donc (2) ! au-

(1) « Reges, quæ imperant, justa faciunt imperando ;
« quæ vetant, faciunt injusta ».
(Hobbius, de Cive, c. 12).

(2) « O rem dignam in quâ non modò docti, verùm
« etiam agrestes erubescant ! Jam verò illud stultissi-
« mum existimare omnia justa esse, quæ scita sint in
« populorum institutis aut legibus. Etiamne, si quæ
« leges sint tyrannorum ? Si triginta illi leges Athenis
« imponere voluissent ? Aut si *omnes* Athenienses delec-
« tarentur tyrannicis legibus, nùm idcircò leges justæ

3

« raient-elles été justes aussi les lois que les
« trente Tyrans eussent voulu faire peser
« sur Athènes ? Ou, lors même que tous les
« Athéniens se laisseraient charmer par des
« lois tyranniques, ces lois, considérées en
« elles-mêmes, en seraient-elles plus confor-
« mes à la justice? Pas plus, à mon avis,
« que cette loi qui, chez nos pères, con-
« férait au dictateur le pouvoir de mettre
« impunément à mort, sans aucune forme
« de procès, tel citoyen qu'il voudrait. »

Ce n'est donc pas l'universalité du vote, d'ailleurs impossible, ce n'est pas le suffrage de la majorité numérique des citoyens pris indistinctement, qui constitue, par elle-même, la légitimité et la force obligatoire de la loi fondamentale, mais c'est, avant tout, son évidente conformité à la justice, à la droite raison, reconnue par les hommes à la fois éclairés et consciencieux, qui forment comme le grand jury naturel et permanent de la nation. Quand au milieu des bouleversemens de l'ordre social, la souveraineté inconditionnelle et absolue de la justice, de la raison, est méconnue ou bannie par la multitude aveugle et forcenée, elle

---

« haberentur ?..... Nihilo, credo, magis illa, quam in-
« terrex noster tulit, ut dictator quem vellet civium,
« indictâ causâ, impunè posset occidere. »

(Cic. de leg., lib. 1.)

se réfugie et réside dans les âmes de tous les bons citoyens les plus éclairés, qui, à titre de loyaux et consciencieux interprètes des devoirs et des droits, à titre de représentans les plus impartiaux des intérêts, sont naturellement investis du droit et chargés de la mission qu'ils ne peuvent répudier sans lâcheté, de déployer toute la puissance du talent, de la vertu, des richesses, du crédit, d'une position sociale élevée, toute la puissance du nom, du courage et du dévouement pour rallier à leurs doctrines, au parti de l'honneur et du bon droit, le plus grand nombre possible de leurs concitoyens incertains, faibles, ignorans, indifférens ou égarés; afin d'établir, de conserver ou de rétablir l'ordre politique, en un mot, de *constituer* ou de *reconstituer* la société. — Mais autant pour sanctionner que pour faire reconnaître les actes du pouvoir *constituant*, dont la nécessité morale les avait temporairement revêtus; autant pour rendre hommage à la dignité de *l'homme* que pour obtenir le suffrage et l'appui de tous les *hommes* chez lesquels les passions du cœur n'auraient pas obscurci les lumières de l'esprit, autant pour légitimer enfin que pour faire accepter la constitution qu'ils auraient donnée à leur pays, ces législateurs extraordinaires doivent laisser à l'exercice de la liberté toute l'étendue réclamée par les besoins du siècle, toute l'étendue qui ne *compromet* point, d'une manière essentielle et évidente, le maintien de l'ordre régulier de la société, et faire participer directement ou indirectement, en personnes ou par délégation, à la création et à l'exécution des lois, tous les citoyens qui, d'après la saine raison et l'opinion publique judicieusement interrogée, présentent, par leur fortune ou leur profession, des garanties probables de l'instruction et de la moralité nécessaires pour apprécier, avec discernement et conscience, les intérêts, les droits et les devoirs politiques.

Bientôt, après avoir pris temporairement la place qui appartient au courage et à l'intelligence, après avoir loyalement et généreusement stipulé pour le faible et l'ignorant, sans se dessaisir entièrement du droit de veiller sur les destinées du peuple, sur le maintien ou le perfectionnement de la constitution, ces grands citoyens s'empressent de déposer le pouvoir effectif entre les mains des chefs auxquels la plus grande ou du moins la plus saine partie de la nation, guidée par leurs conseils ou cédant à leur salutaire influence, a définitivement conféré, avec les faisceaux consulaires ou le sceptre royal, l'honneur de la représenter et le gouvernement de l'état (1).

Tels sont les principes généraux qu'a droit de poser le philosophe; le reste est l'œuvre du temps et des circonstances, la tâche du législateur et de l'homme d'état proprement dit. Mais j'entends une objection.... Cette prépondérance de ce *que vous* appelez les gens de bien éclairés, c'est encore là de l'aristo-

(1) Je n'ignore pas à combien de difficultés d'application sont exposés les principes très-généraux, et conséquemment un peu vagues, que je présente sur l'établissement ou les transformations violentes et palingénésiques des institutions sociales. Il ne faut pas une observation bien profonde de *l'homme* et des *hommes* pour savoir combien d'individus, aveuglés par un amour-propre excessif, mentant à leur propre conscience ou n'ayant pas le courage de s'avouer leur infirmité, leur défaillance morale et intellectuelle, seront naïvement infatués de l'opinion ou bien affecteront la prétention d'appartenir à la classe des gens de bien et de lumières que la raison appelle à réformer l'état. Mais je dois faire observer, 1°. qu'interprète de la conscience nationale, l'opinion publique, après avoir quelquefois égaré ses jugemens et ses hommages, dans les préoccupations et les fascinations du moment, ne tarde pas à remettre en leur place et les hommes et les choses; 2°. que je me suis à dessein circonscrit dans la sphère des spéculations les plus générales, doublement convaincu et que les idées vivantes de vérité, finissant toujours par se traduire et passer dans les faits ; c'est, qu'on l'admette ou qu'on le méconnaisse, la *métaphysique*

cratie! s'écrieront quelques-uns. — Ah ! quand donc le genre humain sera-t-il plus complètement parvenu à sa majorité intellectuelle, pour qu'un si grand nombre ne se laissent plus effrayer par quelques mots, et fasciner par d'autres ? Oui c'est-là, si l'on veut, de l'aristocratie, et même dans le sens littéral et primitif du mot; car c'est la domination des *meilleurs*, l'aristocratie de l'intelligence et de la moralité, celle à laquelle Platon et Cicéron

qui plane et domine sur le monde politique, comme sur le monde littéraire, intellectuel et moral; et qu'il est, tout au moins, assez inutile de soumettre d'avance à des règles *précises*, *spéciales* et *positives*, les crises ordinairement convulsives, compliquées de l'influence de circonstances incalculables, où, après avoir pris d'abord une attitude et une position extra-légales, et travaillé d'une fièvre dévorante, le présent, répudiant le passé et même une partie du présent, enfante, dans la douleur et le sang, un avenir trop souvent avorté ; 3°. qu'à une époque où le genre humain a pris la robe virile, il ne s'agit plus de le retenir par les lisières de l'enfance et de le faire marcher, mais seulement de lui signaler ou rappeler le but, et de lui montrer, de haut et de loin, la route dans laquelle doit se développer le progrès; qu'ainsi ma pensée n'a pas été de me placer sur le terrain de la pratique ; mais de déterminer les conditions générales que doit réunir une forme rationnelle quelconque de gouvernement, pour rencontrer les puissantes sympathies des ames élevées, généreuses et éclairées, pour légitimer et ennoblir le commandement et l'obéissance.

voulaient confier les destinées de l'humanité ; c'est désormais la seule aristocratie possible, mais aussi est-elle et sera-t-elle encore long-tems nécessaire. Que ceux que le mot effarouche, y prennent garde! Ils ne préféreraient pas, apparemment, l'aristocratie de la *force* qui a fait le moyen-âge, les siècles de la barbarie et le règne de la terreur qu'ils ne veulent sans doute pas recommencer : eh bien ! l'une de ces deux aristocraties ne peut tomber que par le triomphe de l'autre : la force ne peut être vaincue que par la force, la force matérielle que par la force intelligente. L'aristocratie intellectuelle et morale, ce n'est pas moins que l'empire du droit sur le fait, le règne de la raison sur les passions, de l'esprit sur la matière, de l'homme sur l'animal. Si c'est une noble prérogative, ce n'est du moins pas un privilège exclusif, puisque le titre en appartient à quiconque cultive avec zèle, et par conséquent avec succès, la science et la vertu. Nobles candidats de cette aristocratie du mérite, jeunes hommes, nourris au sein des Muses, c'est dans vos rangs qu'elle ne tardera pas à se recruter ! Que si vos cœurs magnanimes, égarés par un excès de générosité, murmuraient secrètement de tout ce qui simule encore ici des privilèges, fussent-ils réservés en votre faveur ; s'ils souffraient de ne pas voir tout-àcoup abaisser toutes les barrières qui distinguent bien plus qu'elles ne séparent les diverses classes de citoyens, sachez comprendre quelles perturbations sociales et quelles catastrophes entraînerait le brusque et subit déplacement du centre de gravité de l'édifice politique, sachez comprendre que l'émancipation intellectuelle et morale doit précéder et préparer la complète émancipation politique. Ah! si, comme j'en ai la confiance, vous ne vous manquez pas à vous-mêmes, si vous ne manquez pas à la patrie, c'est vous surtout qui êtes appelés à hâter, par vos exemples beaucoup mieux que par vos vœux, le jour de gloire et de bonheur où l'exercice de tous les droits, étant graduellement descendu, avec la connaissance et l'accomplissement de tous les devoirs, avec l'instruction et la moralité, des sommités sociales jusqu'au dernier hameau, pour y aller trouver le dernier des citoyens, cette aristocratie à laquelle est encore aussi nécessairement que généralement remise la tutelle des peuples, dans presque tous les pays les plus civilisés, soit insensiblement devenue une véritable démocratie qui embrasse l'universalité des Français ; en sorte que nos comices populaires présentent aux Cynéas futurs, comme autrefois le sénat romain à l'ambassadeur de Pyrrhus, la majesté d'une assemblée de Rois:

www.ingramcontent.com/pod-product-compliance
Lightning Source LLC
Chambersburg PA
CBHW060516050426
42451CB00009B/1008